Torgan & Tolpa

...och alla mina andra smultronställen i Tollarp

Johan Rönn

Förlag: BoD – Books on Demand, Stockholm, Sverige
Tryck: BoD – Books on Demand, Norderstedt, Tyskland

ISBN: 978-91-7851-103-7

Denna tillägnar jag er. Tack för allt!

Kommande bok om det hemska mordet
som inträffade midsommarafton 1999.
För att följa arbetet och få nyheter om
boken, besök www.knegen.se eller
följ Knegen Media på Facebook!

FÖRORD

Min första kontakt med Tollarp var faktiskt något av ett trauma. Jag var 20 år och besökte byn för att delta på en väns begravning. Det var en mycket sorglig och jobbig dag för oss alla i kamratgänget. Vi var fem personer som kört från Karlshamn i en silverfärgad Volvo 240. Vi landade på parkeringen utanför Västra Vrams kyrka i god tid innan begravningen och satt kvar länge i bilen innan vi klev ut på kyrkbacken.

Trots att vi umgåtts flitigt med kompisen i fråga, hade vi aldrig varit hos honom här i Tollarp. Han kom istället nästan varje helg upp och hängde hos oss i Karlshamn. Det blev på detta vis eftersom han var ett par år äldre och var först i gänget med att få sitt körkort. Sen fortsatte han nog köra till oss istället för tvärt om av gammal vana.

Jag kan fortfarande framkalla känslorna jag hade där på parkeringen. Klumpen i magen, den stora sorgen och känslan av hur bortkommen jag var. Jag hade aldrig tidigare varit på en begravning utanför familjen. När jag kom in i kyrkan blev jag varse att jag inte kände någon mer än de fyra jag anlänt tillsammans med.

Jag visste inte riktigt hur jag skulle föra mig och möta alla för mig okända människor som också kommit för att ta farväl. De var SÅ många! Eftersom min kompis var så ung och hans bortgång var så oväntad kom det mycket folk till begravningen. Han hade också ett stort kontaktnät genom olika föreningar i byn han varit aktiv i. Det kändes verkligen som om hela byn var där!

Antagligen var det bara en känsla hos mig, som i sin tur bottnade i osäkerhet, men det kändes verkligen som om alla i församlingen studerade oss fem utsocknes besökare. De undrade väl kanske bara vilka vi var och vilken relation vi hade med den avlidne. Hur som helst gjorde det att vi kände oss lite som de svarta fåren. Eller kanske som Fanny och Zac i filmen Änglagård som haft premiär några år tidigare.

Efter begravningen släppte mycket! Axlarna sjönk ned och jag slappnade av igen. Klumpen i magen byttes mot en känsla av tomhet. Tomhet både på grund av det avslut som en begravning faktiskt kan vara, men också tomhet rent fysiskt. På grund av anspänning och alla känslor hade nog alla i bilen varit lite illamående på morgonen och haft svårt att få i sig någon riktig frukost. Efter begravningen var vi alla mycket hungriga.

Vi körde till ett matställe vi sett då vi kört in i byn. En vägkrog ute vid E22. Det var i den lokal som numera är Överskottsbutiken. Vi slog oss alla fem ner runt ett bord och beställde vår mat. Det var riktig husmanskost. Om jag inte minns fel blev det pyttipanna med ägg för min egen del.

Jag lättade på slipsen och tog säkert i smyg av de obekväma svarta lågskorna under bordet. Säkerligen hade de redan gett mig skavsår. Det gjorde de alltid! Vi andades alla ut och satt där en stund och tittade tyst på varandra innan samtalet kom igång. När vi väl började prata var det om vår kompis och hur han levt sitt liv här i byn. Ett liv som vi egentligen inte visste så mycket om. Vi talade om den enorma uppslutningen det varit på begravningen. Alla människor som varit där och alla fina ord som sades om vår vän. Om gemenskapen i kyrkan som varit så påtaglig att man nästan kunde ta på den.

Inte visste jag då jag satt där i min svarta kostym med avdragna finskor, att jag flera år senare skulle komma att bli en del av denna gemenskap. Att ödet åter skulle föra mig hit till Tollarp. Efter att jag utbildat mig skulle jag nämligen få ett jobberbjudande som jag också skulle anta. Så småningom skulle detta i sin tur leda till att jag flyttade hit. Jag skulle komma att engagera mig i föreningslivet och själv bli en del av samhället. Jag skulle gifta mig och starta familj och ha en framtid här. Rätt märkligt hur ödet kan fungera faktiskt.

Genom engagemang i byns föreningar och genom min roll som lärare har jag nu lärt känna ganska många människor i byn. Speciellt nära kontakt har jag fått med byns ungdomar. Tyvärr har jag fått anledning att dra på mig den där svarta kostymen och obekväma svarta finskorna av samma tråkiga anledning fler gånger. Det är sorgligt och fruktansvärt, men det känns ändå fint att jag själv numera får vara en del av den där stöttande gemenskapen jag fann i vår by.

Som lärare brukar jag försöka stötta ungdomarna när de går igenom den typen av tragiska händelser som beskrivs ovan. Jag brukar krama om dem och säga att det just är deras omtanke och vår gemenskap som gör att det känns svårt. Att detta är något fint! Tollarp är ett samhälle som är tillräckligt stort för att tragiska och osannolika händelser rent statistiskt skall kunna ske. Det är samtidigt tillräckligt litet för att vi skall höra talas om dessa händelser. Om något händer med en granne, så får vi veta det. Detta är inte självklart i alla samhällen. Det är inte heller självklart att man skall bry sig om varandra på det sätt jag anser att vi oftast gör här i byn.

Det låter kanske mörkt och dystert när jag skriver om mitt första möte med Tollarp, men det är verkligen inte så jag vill att ni skall se det. Det är snarare den värmen, omtanke och gemenskap som manifesterades i kyrkan den där gången som blev det

mest bestående minnet. Kanske är det bra att
komma utsocknes ifrån för att se dessa fenomen. Att
vara det svarta fåret eller nykomlingen.

I skrivandets stund har jag bott i Tollarp i 16 år.
Precis som i så många andra samhällen tar det tid att
komma in. Somliga betraktar mig nog fortfarande
som en utsocknes gäst eller nykomling. Medan andra
tycker att jag precis som Zac och Fanny i filmen på
mitt eget märkliga vis hittat en plats. Helt införlivad i
samhället är jag dock inte.

Det kommer jag nog aldrig bli. För att bli det måste
man känna till byns historia bättre än jag gör. Både
lokaler och företag, men också människor och deras
relationer sinsemellan. Skall man kunna berätta
riktigt bra historier krävs det att man vet vilka de där
gubbarna som alltid satt på bänken utanför
postkontoret var.

Man skall minnas var man vurpade med mopeden
och bakom vilken buske man fick sin första kyss.
Man ska ha koll på vem som hade den ilsknaste
hunden på gatan när man var liten och var man
kunde palla de största äpplena.

I denna bok delar Johan Rönn med sig av sina högst
personliga historier. Det blir minnen och anekdoter
kopplade till både platser och personer. Du som
precis som Johan vuxit upp i byn kommer säkerligen
känna igen dig i mycket och dra på smilbanden i

igenkänning. Och du som precis som jag är inflyttad till byn och fortfarande känner dig lite oklar i din roll här. Du får se detta som ett humoristiskt sätt att lära dig mer om byn, dess historia och dess invånare.

Andreas Andersson
Tollarp den 6 november 2019

FÖRORD AV FÖRFATTAREN

Jag lever ett liv fyllt av skratt, glädje och sorg. Och jag har gjort det i Tollarp.

I denna bok får du ta del av en portion av det. När jag skriver försöker jag göra det som att jag berättar för dig över en kall cola eller en god pasta. Jag försöker gjuta in min själ i orden.

Och med det sagt, förbered dig på allvar, skratt och humor som ibland drar åt det bisarra och under-bältet-hållet, men jag försöker censurera mig själv så lite som möjligt.

Det blir roligast så.

BROKÖP

Broköpshuset, mittemot vårdcentralen i Tollarp
Bild tagen 23 juli 2019

Broköp finns inte längre. Det är egentligen lite av orsaken till att denna boken finns. Jag hade varit på vårdcentralen för att kolla upp en typisk mansförkylning när jag kommer ut och stirrar på det tomma skalet av det som en gång var just Broköp.

Det lades ner i början av 2019 efter ett ägarbyte ett antal år tidigare. Jag har väldigt många minnen kopplade till Broköp, och det har väl i sig en del att göra med att det var min faster som en gång startade verksamheten.

Det gjorde att jag per automatik rörde mig mycket där under uppväxten. Sprang ute på deras lager och byggde kojor av de enorma pappkartongerna med min kusin Caroline. Eller var de verkligen enorma? Kanske var det vi som var små?

Det fanns det mesta på stället. Det började med lite försäljning av foder, men när min faster och hennes man sålde verksamheten hade det växt till en tvåvåningsverksamhet som även inkluderade försäljning och reparationer av radio- och tv-varor samt datorer. Man hade även en elektriker och en byggare som man hyrde ut till privatpersoner och företag i bygden.

Det bästa av allt var kanske trots allt godisskålen på disken vid kassan. En så liten grej, till synes obetydlig, men som har en stor definitionsroll när man tänker efter. Den var alltid påfylld och när kunderna stannade för att betala – vare sig det var en bybo eller någon av bönderna runt omkring byn – så hade alla tid att stå och snacka en stund och ta en godisbit. Det var en hög mysfaktor på stället och såväl kunder som personal hade alltid (nåväl, för det mesta i alla fall) tid att prata.

Fredrik i kassan, Jim eller Jocke i trucken på foderlagret, som hjälpte kunderna att lasta vare sig det gällde säckar med foder eller ägg- och snäckskal. Ägg- och snäckskal? Jo, du läste rätt. Det gav bönderna till hönorna utblandat i fodret för att stärka skalen på äggen. Den för mig helt obrukbara informationen - eftersom jag aldrig har eller någonsin kommer att ha en höna förutom min fru i huset - hade jag aldrig snappat åt mig om inte Broköp funnits.

Byggare och elektriker, ja. Jag gick elprogrammet på gymnasiet och när det var dags för praktiken i första ring praoade jag hos Broköps elektriker Lasse för att på riktigt känna på om jag skulle satsa på det där med IT eller om det inte var rätt kul och spännande med elinstallation ändå.

Lasse var en rejält stabbig karl som nog hade kunnat göra sig en god karriär som säkerhetsvakt på stan på lördagarna om han hade känt för det. Han var före sin tid sett till frisering. Rejält skägg, snaggat i sidorna och lite längre hår uppe till. En 2019 års hipster levandes i början av 2000-talet!

Sett till utseendet då. Snyggt och prydligt. Han var oerhört kul att hänga med. Trevlig och social med ett speciellt sätt att snacka. Satt på lastbryggan en tidig kall morgon och väntade på honom innan vi skulle sticka ut på dagens uppdrag. Då kom han gåendes över planen från lagret och ropade högt och tydligt så det ekade i det närliggande bostadsområdet.

- För helvete, pojk! Sitt inte där, det är så jävla kallt att ramlar inte snorren av så får du i alla fall världens urinvägsinfektion!

Det var bara att hoppa ner.

Om man ska anmärka på någonting kring Lasse så var det kanske hans stora förtjusning i nikotin, som ledde till att arbetstempot var ganska sackandes på morgonen. Vi åkte ut till ett hus i Vinslöv och det drogs lite kabel. Paus och in med ny snus. Drogs lite kabel till. Paus och en cigg på det. Drogs lite kabel till. Paus och ut med snuset och in med ny prilla. Upprepa.

Eller så var det kanske bara så de dagarna jag var med honom. Är inte ute efter att framställa någon i en dålig dager, jag tyckte det var en rolig kvalité även om kunden kanske hade kunnat spara någon timkostnad i alla fall den dagen om herr elektriker var rök- och snusfri.

Jag fick ett självständigt uppdrag under praon. Och så här i efterhand kanske jag förstår varför det bara blev just ett också.
Min faster och hennes man bodde med sin familj i ett hus precis bak Broköp. Det fanns en gång till huset

genom häcken från Broköps-huset en gång som gick förbi garaget och ner mot husets huvudentré. Där, på hörnan av garaget, skulle Lasse sätta upp belysning med rörelsedetektor. Och den som skulle få dra fram och klamra kabeln skulle bli jag.

Sagt och gjort. Lasse lämnade en låda med grejer och sprang för att "göra pappersjobb och annan skit". Jag skulle hämta honom när jag var klar.

Jag gick som sagt i första ring på elprogrammet och hade inte gjort det särskilt länge. Vi hade inte valt inriktning än och vi hade definitivt inte börjat med något praktiskt arbete på allvar heller. Och alla som känner mig vet att jag gärna kör lite på "learn by trial and failure", så jag frågade inte hur jag skulle klamra utan började köra på. Detta var ju nog det roligaste på hela den dagen ändå, liksom.

En bra tumregel för att klamra fast en kabel är att spika upp en kabelklammer, lägga hammaren emellan och sätta nästa kabelklammer. Om inte kabeln kräver mer givetvis. Det gjorde inte denna.

Helt utan kunskap om detta klamrade jag för glada livet. Det gick åt en sjuhelvetes massa klamrar – säkert två askar – och jag satte antagligen två klamrar per bräda på den panelbeklädda väggen. När jag till sist var klar gick jag och hämtade Lasse.

Lasse kom dittraskandes. Stoppade in en snus och stod och betraktade väggen en stund i komplett tystnad. Sedan tittade han på mig, sedan på väggen och sade på sitt speciella sätt.

– Vi kan säga som så här, va. Att om kabeln ramlar ner nu, så är det för att hela väggjäveln har rasat ner.

Sen tände han en cigg, tog ett bloss och tittade på mig och sedan på väggen igen och tillade en sak.

– Förresten, stryk det jag sa. Jag tror att väggen faktiskt sitter säkrare på plats nu med dina hundranittielva klamrar.

Sen skrattade han så hela skägget hoppade.

Jag jobbade på Broköp i olika vändor, både som sommarjobb och som ordinarie jobb. Ibland körde jag ut reklam med cykel, ibland stod jag i kassan, ibland skickade jag ut fakturor. Det sista jag gjorde var att jobba som tekniker. Det var riktigt roligt, eftersom det var det jag trodde att jag ville försörja mig på resten av livet, fram tills nu då man sitter som 35-åring med författarambitioner och skriver små verk som det här du läser nu.

Jobbade med en kille som hette Patrik. Även han en extremt trevlig – och framför allt rolig – kille. Allergisk mot typ allt inklusive sin egen skugga. Men

23

smart något så in utav helskotta. Hade stenkoll på allt, och är det något som kännetecknar en perfekt kollega för mig så är det humor och kompetens, vilket Patrik besatt både och av.

Roligt var det också för att bönderna som lämnade in sina datorer på lagning för att de var sprängladdade med olika virus aldrig hade en blekaste aning om vad som hade hänt. Fast egentligen hade de så klart det och att se folk stå och klia sig i bakhuvudet och rycka på axlarna och titta om det regnar var alltid lika roligt. Vissa stannade inte ens och snackade utan slängde bara in datorn med en postit-lapp om vad som var fel. Så är det gott folk, vill man se bilder på Lotta Engberg i raffset riskerar man att få skit i burken!

Proffs som jag är har jag aldrig lagt några värderingar i det där. Inte heller skulle jag någonsin drömma om att prata med andra om det heller.

Som jag berättade så finns inte Broköp längre, för som jag också berättat så sålde min faster och hennes man verksamheten för att satsa helhjärtat på grönsaksodlingarna i Degeberga. Nya ägare tog över och man ändrade lite i konceptet här och var, försökte med lite nya grejer för att hålla det flytande men sanningen är tyvärr att tidens utveckling gjorde det svårt att hålla verksamheten igång.

Vi lever i en tid där vi idag serveras och konsumerar reklam på ett helt annat vis än förr i tiden. Den person som förr hade kört ner till Broköp för att kolla om prylen man behöver fanns där, söker idag upp på nätet var det finns och styr kosan dit resultatet leder dem och handlar.

Ibland kan man inte rå för det. Jag vet själv hur jag ibland suttit med en nyinköpt pryl i knäet och tänkt "fast det här hade jag kunnat köpa hemma!".

Fram till början av 2019 höll det för Broköp, sedan stängdes det ned för gott.

Och det är också därför du läser det här, och håller i denna boken. Jag skrev ett inlägg om det tomma skalet där Broköp en gång huserade, vilket uppskattades av de som läste. Och som med alla kugghjul i mitt hjärnkontor så fortsatte de att snurra och få mig att tänka att man kanske skulle samla sina bästa smultronställen i byn i en liten bok.

Bara skriva precis vad jag känner för och vad jag tänker på och ge ut den på billigast möjliga vis och låta föreningarna i byn sälja boken och få en inkomst på den.

Jag kommer aldrig att starta ett Broköp, eller någon annan butik i byn för den sakens skull heller, men jag kan kanske ge en gnutta av den glädje som Broköp gett mig genom åren, på mitt vis.

LJUNGSLYCKEVÄGEN

Varje barn förtjänar sin trygga famn, så väl som den hos en förebild, en förälder, eller en omgivning. Jag har haft den oerhörda förmånen att ha allt under min uppväxt.

Jag har dessutom förstått på vänner senare i livet att det inte har hört vanligheten till helt och hållet, att bo på samma ställe hela livet till dess att man ska flytta hemifrån och bilda sig ett eget bo.

Men så är det i mitt fall, när jag kom hem från BB med morsan och farsan så var det till Ljungslyckevägen. Det var här jag gjorde alla rätt och alla fel, det var här jag blev en människa på riktigt.

Jag var en fin 2-månaders bebis, tyckte läkaren vid kontroll innan avfärden hem till Tollarp. I vuxen ålder fick jag veta att jag ramlade ner från skötbordet en gång. Kontrade morsan med att fråga om det kanske inte var så att det faktum att jag är skelögd beror på denna incidenten. Hon skrattade och sa nej, det hade hon konstaterat för längesedan att det beror på att jag var abnormt stor och blev klämd när jag föddes.

Nog om megabebisen Johan. Herregud, var ska man börja?

Om vi tar själva stället så är idyll nog det rätta ordet. Området består av tre gator: Ljungslyckevägen, Lagerlyckevägen och Slättingen. Alla tre uppbyggda enligt samma modell, med gatan som sträcker sig som en avlång rektangel förbi alla hus.

I mitten ligger en lekplats och bak lekplatsen ligger "pumpen". Jag vet faktiskt inte vad det är. Har väl med vattenförsörjningen att göra på någon vänster. Där är något rör som sticker upp från ett runt betongfundament som vi brukade skrika in i för att höra ekot. Hur som helst så var det där ungdomarna hängde förr och möttes upp från de olika gatorna, vare sig man skulle ner till fritidsgården Tollan, in på Lilis Disco eller någon hemmafest.

Det är ingen tung trafik, det finns fina skogspartier runt omkring. En idyll, helt enkelt.

Mitt emot morsan och farsans hus bodde några som hette Rolle och Carina. De hade ett sånt där snedlagt staket som påminner närmast om ett gärdsstaket man kan se i exempelvis "Alla vi barn i Bullerbyn". Väldigt vänligt att klättra på och väldigt vänligt att sitta på, om man behöver en häst exempelvis.

Ja, ni läste rätt. En häst. Lucky Luke var nog min första riktiga barndomshjälte, som ledde till att jag sprang runt i någon skotskrutig slok-aktig hatt, med väst och knallpulverpistol som kom från samma cowboy-lekset. Och min fasters stövlar, som gick nästan ända upp till midjan på mig.

Intresset för Lucky Luke kom nog ifrån mina farföräldrar. De hade några avsnitt av den tecknade serien inspelad på ett VHS-band som jag alltid, notera ALLTID gick in och tittade på när vi var hemma hos farmor och farfar på besök.

Barnkalas och jag i högsta hugg i det modernt inredda hemmet. Framför den TVn lärde jag mig veckodagarna när jag var 4 år gammal, för att kunna hålla ordning på när SVT visade nya avsnitt av Hulken.

När jag fyllde 15 fick jag bandet med Lucky Luke av dem. Det var oerhört fint, men kortvarigt. Min syster spelade in en jävla dussinfilm som heter "Drömprinsen – Filmen om Em" med bl.a. Niclas Olund i huvudrollerna. Niclas, vem? Nej, precis. Han spelade Klimax i TV4:s såpa "Tre Kronor", där peakade han. Som sagt, en dussinfilm som skulle kunnat vara en kort novell i Veckorevyn. Och nu suddade den ut avsnitten där Lucky Luke möter Phil Defer, Doc Doxey och när bröderna Dalton flyr till Kanada. Jag kommer älta detta till dagen jag dör. Inget är förlåtet, men jag har gått vidare som väl är.

Nu kanske du läser detta och tänker "men herregud, handlar inte kapitlet om Ljungslyckevägen?". Jo, det gör det fortfarande. Gillar du sidospår så håll i hatten, för det kommer att komma hela tiden i denna boken.

På gatan bodde också flera kompisar, bl.a. Macke, som gick i min klass fram till fjärde klass då vi splittades. Vi fortsatte dock att hänga och umgås privat. Mackes morsa startade senare en godisaffär i en källarlokal i byn som hon kallade "Sega Råttan". Den affären växte sig större och större och är idag en legend i sig själv. När hon lämnade över butiken till nya ägare var Sega Råttan det givna stället att hyra film och köpa godis på, efter att rövhatten som tog över Torgkiosken lyckades få stället i konkurs genom att ha svarta spelmaskiner i lokalen och på så vis bli av med speltillståndet.

Det var också tack vare det vi satt hemma hos Macke och kollade på förhandsprov på filmer som fortfarande gick på bio, som företagen som de köpte in hyrfilmer av skickade ut till sina kunder. Life was good.

Teknik i första klass. Macke tjuvkollar. Fuskis.

Vi var alltid ute och lekte när jag var yngre. Nu är det nya tider där man kör e-sport och det inte så mycket ute på gatorna. Vi körde faktiskt sport. Landhockey var det som gällde stenhårt, ännu mer när det blev trendigt att samla på hockeybilder.

Varje eftermiddag var det till att skynda sig hem efter plugget och slänga skolväskan innanför dörren, på med inlinesen och ut och spela tills morsan stod på trappan och vrålade lungorna ur sig om att middagen är klar för-i-bövelen!

På denna tiden så var det också så att om det fanns läsk i huset, så var det i en back med lite apelsin, lite cola, lite citron/lime och lite mineralvatten. Och givetvis hade morsan och farsan stenkoll på hur många som fanns i backen så det gick inte att nalla hursomhelst. Fast lite gick.

Vi var runt sex grabbar som lirade ihop. Varje match var det en av oss som smugglade med en flaska läsk hemifrån. Segerskumpan. Den delade enbart det vinnande laget broderligt på, oavsett om den som hade med sig flaskan ingick i laget eller ej. Rules of the game.

Längre upp på andra sidan gatan bodde Danne, en annan klasskompis. Både han och hans bror var ena jävla spexare och förbannat roliga, i alla fall för en sexåring. Minns särskilt en gång när vi satt på ovanvåningen hemma hos Danne och spelade "Ice Climber" på deras Nintendo. Hans storebrorsa Stoffe hade duschat och kom ut näck med snorren instoppad mellan de ihop-knipna benen. "Picken ramlade jävlar i mig av i badkaret!", sa han. Jag garvade så att jag fick själv gå hem och bada och byta underkläder.

Kaniner hade vi också. Snurre och Puttelina minns jag bäst. De var jättekul den första veckan, typ. De var ganska rymningsbenägna också. Passade inte hushållet hos familjen Rönn och deras lille ligist? Morsan har berättat om att många var de morgnar då vi drog till skolan och hon fick ut och jaga kaniner i morgonrocken. Cirkus Rönn hade öppet alla dagar.

Jag och Anna i svängen med några av våra kaniner. Sedan flyttade de ut till pappas jobbarkompis Eva som bodde ute på landet. Det dröjde 25 år innan jag frågade hur gammal Puttelina blev och poletten ramlade ner att hon inte blev äldre än dagen de "flyttade".

Det var mycket kärlek på hela gatan och det var det även i nummer 17, där jag bodde. Fast man trodde att farsan skulle gå rakt igenom taket emellanåt. Som den gången när han testade att koka knäck i mikrovågsugnen och hela skiten kokade över. Eller gången när jag spolat vatten i utomhusuttaget på vintern och inte stängt ordentligt så vattnet hade frusit i rören och sprängt rören inne i köket. Eller när han upptäckte fotavtryck på det nytjärade garagetaket. Den var lite speciell, den gången.

Det var en helt vanlig sommarnatt när jag fick för mig att titta på stjärnorna. Eller något. Jag ville ut och ränna på garagetaket, helt enkelt. För att det kändes kul och jag var uttråkad. Morsan och farsan var på middag hos några bekanta, så jag hoppade helt enkelt ut genom fönstret i morsan och farsans sovrum.

Jag märkte att det kändes lite klibbigt. Men det kunde det väl göra efter en väldigt varm sommardag, tänkte jag. Traskade runt lite på taket och kollade lite på vad jag nu skulle kolla på och hoppade in genom deras fönster igen. Då kände jag att det var fortfarande klibbigt och ser att jag satt fotavtryck på golvet. Svart och klibbigt. Shit, shit, shit!

Jag sprang bort till byrån med deras kläder och tog ett par av farsans strumpor och drog på mig och sprang ner efter Wettex-trasa och började försöka städa efter mig. Det enda jag gjorde var att göra allting värre och smeta ut det.

Då, mitt i allt fick jag en snilleblixt att kanske funkar det där som farsan rengör penslar med. Lacknafta. Jag rusade ner i garaget efter en trasa och flaskan med lacknafta. Sprang upp igen och började torka.

Det gick! Det försvann! Hurra! Jag städade upp efter mig och sprejade rummet med farsans after shave och vädrade ur. Sen duschade jag och rengjorde fotsulorna med lacknaftan och slängde farsans strumpor. Sen stupade jag i säng tvärnöjd med bedriften.

Uppvaknandet var inte lika mysigt. Hörde hur persiennerna drogs upp i deras sovrum och sedan illvrålet som inte gick att ta miste på: "JOHAAAAAN!".

I morgonsolens ljus såg min käre far - som tjärat om garagetaket dagen innan och lagt ner mycket möda och pengar på det hela – fotavtrycken från någon som bara kunde vara hans 12-årige son. Det dröjde två veckor innan jag lirade landhockey ute på gatan igen. Utegångsförbud var på den tiden ett straff värdigt namnet.

Som sagt, det var mycket kärlek i vårt hem, även om jag kan tycka att vi var lite dåliga på att upplysa varandra om att vi älskar varandra. Men, det kändes att det fanns kärlek i alla fall och det är ju huvudsaken.

Hade man hittat på något dumt som att slå i sönder glasdörren till tv-bänken eller att smälla i garderobsdörren så att gångjärnen lossnade, då var tricket att gå att lägga sig innan farsan kom hem. Även om det innebar att gå och lägga sig direkt efter "Björnes Magasin". Det är svårt att inte älska ett sovande barn, har jag själv förstått nu när jag själv har en nioåring och en sjuåring hemma.

En annan grej som har varit helt otroligt med mitt föräldrahem är det faktum att det är banne mig aldrig någon som öppnat dörren och sagt att jag inte får spela den och den musiken, att jag ska skruva ner eller liknande.

Herregud, ett tag hade jag till och med ett trumset, ett riktigt trumset (!), i vardagsrummet där jag satt och repade till bandrepen med Blåsvädret eller Juniormusikkåren.

Lirade på kommunala musikskolan och gjorde från fjärde klass upp till och med nionde klass. Det var förbannat kul i de båda storbanden, men som med allt annat blev det mer och mer elitistiskt – i brist på andra ord – ju högre upp man kom, och när det var dags att byta upp mig till Ungdomsmusikkåren kände jag att jag inte hörde hemma alls.

Jag gillade hårdrock, brudar, hänga med mina polare och att köra moppe. De flesta i Ungdomsmusikkåren gillade "sofistikerad" musik som Chopin och satt nog helst i sina rum på lördagskvällarna och blåste i sina flöjtar och oboer.

Kändes det som i alla fall. Klart var i alla fall att det gavs mindre och mindre utrymme till så kallad "kreativ improvisation" bland slagverkarna, där jag ingick. När jag lade till ett fill och gjorde ett kantslag vid ett tillfälle bröt orkesterledaren och frågade vad jag höll på med. Då kände jag att det kommunala nog hade gett mig vad det kunde, och började repa med olika bandprojekt på fritidsgården i stället.

Jag lirade med morsan också, men det var sällan avsiktligt. Det var det inte med farsan heller. Det bara blev så. Ett strålande exempel är när jag kom hem efter jobbet en dag när jag var runt 19 år. Jag jobbade ganska mycket på ICA i byn och tjänade därför ganska okej för att vara nitton, bo hemma och inte ha några direkta utgifter.

Rummet var alldeles nystädat. Det är kanske ingenting att gnälla över, tycker du, men nittonårige herr Rönn kände sig mer eller mindre våldtagen. Kränkt över att mamma Rönn hade varit inne och rotat bland hans grejer. Men kanske mest rädd att hon skulle hitta porrfilmsgömman i garderoben. En livlig diskussion utbröt där mamma Rönn gjorde klart att hon kände sig tvungen att städa då det tydligen var så "räligt på rummet att tallrikarna nästan kröp ut i köket av sig själva". Hon upplyste mig också att skulle det ske igen skulle det kosta mig en femhundring. Som ett hot. Tänkte hon.

Nittonårige jag svängde genast i humöret och kände att 500 kronor är helt klart en helstädning värt och frågade min mamma om vi skulle komma överens om en städning var fjortonde dag i utbyte mot tidigare omtalade femhundring.

Hon smällde så hårt i dörren när hon stormade ut att jag var dels överraskad att den blev kvar i dörrkarmen – och dels livrädd för att visa mig utanför rummet resten av den dagen.

När jag flyttade hemifrån och bar ut den sista bananlådan med mina grejor mötte jag farsan i hallen. Han bar på golv som han skulle in med på mitt numera gamla rum, som skulle läggas om. Kanske, bara kanske förklarar det här kapitlet varför det inte firades – men för all del inte ödslades någon tid på att sörja den dagen jag flyttade.

Mitt pojkrum. Eller en del av det. Man var ju ingen hejare på fotografering om man säger så, detta var på tiden då man knäppte och höll tummarna för att det blev bra. Det finns många grejer här som format vem jag är idag, vem jag var redan då och är fortfarande idag.

Klädeshögen i fåtöljen (syns dåligt): Ja, klädeshögar förföljer mig. Jag kan kliva över en hög med kläder en miljon gånger. Tyvärr. Jag har varit gift 11 år i skrivande stund. Jag förstår knappt hur.

Tigern på nattduksbordet: En väckarklocka. En baseballklädd tiger. Man aktiverade väckarfunktionen genom att trycka på knoppen på toppen av huvudet. Lätet? BOOOOOOM! Följt av ett morrande sen en ny smäll. Orsaken till att jag hatar konventionella väckarklockor idag.

Keyboarden: Jag önskar att jag vore en pianovirtuos. Men jag är det inte. Har aldrig varit, kommer aldrig bli, men har – som ni ser – verkligen försökt. Går fortfarande och drömmer om att jag går på en fest och ser ett piano och säger "Åh, kul! Får jag plinka lite?" och drar av "Crocodile Rock" med Elton John eller "Bohemian Rhapsody" med Queen vilket får alla att gapa av beundran.

Träskyltarna som hänger på anslagstavlan: På den ena står det "Välkommen in! (Inte Jenny)". Ändå hänger en skylt med mitt namn på över den som hon gjort åt mig.

En bild på min dåvarande orkesterledare på anslagstavlan: Varför i hela friden hänger den där? För att motivera min musikalitet? Konstiga idéer hade jag då och jag har det även idag.

Kiss-postern på väggen: 1995 kom bandet Kiss in i mitt liv och har inte lämnat det än. Och kommer nog aldrig att göra heller.

Mark Messier-postern på väggen: En av mina favoritspelare i NHL-laget New York Rangers och en ledande orsak till att jag begav mig in kortvarigt på brottets bana när jag snattade hockeybilder. Jag följer inte hockey idag, men drömmer fortfarande om att se en hockeymatch på Madison Square Garden i New York.

Väggen: Den är vit och fin. Bläddrar ni vidare i boken ser ni att vi sedan målade den grön. Varför i hela friden då?

SLÄTTINGEN

På Ljungslyckevägen bodde Macke, Jimmy, Andy, Parro och under en tid även Madde, Mattias, Danne, Niclas och Max. På Slättingen bodde massvis med människor som på ett eller annat sätt spelar en roll i mitt liv. Stoffe, Kalle, Pia, Freddan, Bitte, Göran, Lillen, Lisa och Gerth, för att nämna några.

Tre dagmammor betade jag av på Slättingen under uppväxten. Lisa var jag mest hos. Kanske också där jag trivdes allra bäst. Lisa och Gerth bor i ett stort hus med källare, där ett av rummen i källaren var "hobbyrummet", där vi lekte. Allt var i en salig röra jämt, men det var inte lönt att städa och hålla ordning där för nästa dag hade det sett likadant ut igen. Vi plockade undan om vi behövde plats helt enkelt.

Åldersuppfattningen är ganska vag men tror att jag var hos Lisa någon gång från 4-5 års ålder till jag var ungefär 7 år. Jag lärde mig otroligt mycket om livet hos Lisa. Lisa är en av de som matintresse-mässigt främjat mig mer än andra. Hon lärde mig dels att det inte finns någon äcklig mat, det finns bara mat man inte tyckte om, och dels hur mycket kärlek och omtanke det faktiskt krävs för att laga god mat.

För det var alltid god mat hos Lisa. Nästan alltid. Bäst var när hon bjöd på stuvade makaroner. Det gjorde aldrig morsan och farsan hemma, så då njöt jag extra mycket. Jag minns en gång när det bjöds på en rätt som jag inte tyckte var någon särskild höjdare. Jag tror att det var burkskinka, potatis och en dressing av något slag, kanske rhode island-dressing? Den var röd åtminstone. Jag ville bestämt inte smaka. Lisa var benhård. Man smakar. Tycker man sen inte om det så behöver man för all del inte äta det, men man smakar. Jag smakade och det vände sig i munnen och jag klöktes. Jag skämdes så mycket över att jag inte tyckte maten var god att jag sprang ifrån bordet och sprang och gömde mig bak lekstugan. När jag tänker på det så här i efterhand tror jag att det handlade om att jag tyckte så ofantligt mycket om Lisa och hennes mat att jag inte ville hon skulle känna att hon dukat fram något jag inte kunde äta.

Så mycket betyder mat för mig. Det är mer än smaker och vad som ligger på tallriken, det är arbetet och kulturen bakom maten som gör grejen för mig också. En helhetsgrej helt enkelt!

Det var också hos Lisa jag fick lära mig orden "misshandla" och "knulla". Lugn, lugn, lugn… Det är inte som det låter. Alls. Jag är inte uppväxt i en "När lammen tystnar"-liknande tillvaro alls. Har jag någon gång blivit slagen under min uppväxt så har det aldrig varit en vuxens hand.

Om vi börjar med ordet "misshandla" så lekte vi "småstad" i hobbyrummet. Jag gick till "banken" där

Lille-Martin "jobbade". Jag ville ta ut pengar. Lille-Martin sa att jag hade slut på pengar. I sann actionfilms-anda sa jag "Nu slår jag ner dig och rånar dig" och viftade med handen och låtsades boxa ner stackars Lille-Martin.

"WE-OO-WE-OO-WE-OO", gapade Store-Fredrik (Ja, det fanns två Fredrik i Lisas dagbarnsskara, Lillen och Store-Fredrik!) och kom "körandes" i sin "polisbil".

- Jaha, du, Rönn. Du får följa med här, misshandel är olagligt och straffbart, sa Store-Fredrik med auktoritär röst och bar i väg med mig till sängen – förlåt, fängelset – där jag fick sitta av mitt straff.

Vad i helvete? Ska man inte kunna knacka ner någon utan att bylingen kommer och lägger sig i?

Vad gäller ordet "knulla" så var jag själv hos Lisa en lovdag med en annan tös en dag. Vi hade lite tråkigt tills hon helt plötsligt poppade frågan om vi kanske skulle knulla lite.

Jag hade inte en blekaste aning om vad det innebar att knulla. Det skulle dröja ganska lång tid till innan jag förstod det också, men man kunde ana sig till att det nog var ett fult ord. Som den besserwisser jag är ville jag inte förmedla att jag inte hade en susning om vad hon menade sa jag "Okej då, men sen bygger vi med lego!". Vi gick in i hobbyrummet och kröp in under sängen. Med kläder på, så klart. Sen bara låg vi där och glodde på varandra, tills mitt korta tålamod var slut. "Har vi knullat färdigt nu?", undrade jag. "Jajamensan, nu bygger vi lego!", sa tjejen.

Väldigt oskyldig händelse om två barn som snappat upp ett ord som lät spännande, helt enkelt.

Massor av år senare hälsade jag på tjejen i fråga för att låna några videoband med gamla filmer som jag ville kopiera. Jag plingade på, gick in, hälsade på tjejens föräldrar och vi gick in i deras vardagsrum som låg precis bredvid köket. Hennes mamma stod och lagade mat och slamrade med grytor och hennes pappa satt vid middagsbordet och läste tidningen. Vi stod och småsnackade vid videohyllan när hon helt plötsligt kläcker ur sig en fråga medan hon flinar.

-    Kommer du ihåg när vi knullade hos Lisa?

Det blev helt tyst i köket och jag tror att jag var väldigt nära ett hjärtstillestånd. Jag fick panik och lade benen på ryggen.

Lisa trivdes jag som sagt var otroligt bra hos. Kanske för att Lisa är en hjärtlig dam som jag alltid minns leendes. Kanske för att de hade otroligt många roliga filmer i källaren. "Super-Ted", "Djurens Olympiad",

"Doktor Snuggles", "Starzinger", med mera. Och vi fick bara kolla på film om det regnade ute. Det var inte allt för sällan som jag stod i fönstret och hoppades på några stänk så att Lisa skulle tända TVn.

Längre upp på samma sida av Slättingen (vägen går liksom Ljungslyckevägen som bokstaven U) bodde fram tills ganska nyligen Bitte och Göran och deras barn Fredrik och Pernilla.

Fredrik kallades Freddan och när jag var 12 år gammal blev Freddan och min syster tillsammans. Jag tyckte det var extremt häftigt. Dels för att syrran mig veterligen aldrig haft en riktig kille innan – åtminstone i min vetskap – och dels för att Freddan tyckte att det var kul att hänga med mig också. Freddan var 4 år äldre än mig. Född dagen innan julafton 1979. "På det glada sjuttiotalet", som han själv brukade säga.

Förhållandet med min syster innebar att jag ofta blev nedropad och mot en muta bestående av en tia stack ner till Torgkiosken åt de båda. Ofta var det som skulle inhandlas Delicatoboll och snusklubbor. Själv köpte jag S-märken för min lön.

Det innebar också att de dagar som Fredrik slutade tidigare än Jenny eller på annat vis inte kunde hänga med henne, så hängde vi tillsammans i hans rum, beläget i husets källare. Där spelade vi PlayStation, pillade med hans dator, gjorde hemsidor, letade upp och programmerade in nya ringsignaler på hans Ericsson-mobil, lyssnade på musik, käkade mackor och kollade på "Fresh Prince i Bel-Air", bland annat.

Inte allt för sällan drog vi ut med familjens ena Volvo, en vit 740 som gick som fan. Inte minst när man pumpade musik med Refused i bilen. "Hook, line and sinker" och "Rather be dead" var givna bas-testare när vi brände ut till Pedda i Ljungen och brände nya PlayStation-spel, eller till Freddans kusin Jimmy i Hanaskog för att hämta nya lir till konsollen.

Det var Freddan som visade mig svart humor, som introducerade mig till Nirvana, Hole, Muse, Placebo och annan alternativ musik som jag inte riktigt fastnat för innan.

Jag blev oerhört ledsen när Jenny och Freddan gjorde slut. Naturligtvis för min systers skull men också för min egen. Det gick lång tid innan vi pratade med varandra igen, jag och Freddan. Det var jäkligt infekterat eftersom han gjorde slut då han träffat någon annan. Han sårade min syster och det hade jag jättesvårt att förlåta honom för.

En dag ringde han i alla fall och frågade om vi inte kunde ses och hänga lite. Hans katt Linus hade fått avlivas och han var allmänt deppig. Tjejen han träffat hade det också tagit slut med. Att det tagit slut plus att min syster hade gått vidare var avgörande faktorer för att det skulle kännas okej, så vi började umgås igen.

Inte allt för sällan var Freddans polare Babban med. Babban kände jag lite sedan innan då han polade med "Anna i svängens" storebror. Ja, Anna som bodde i hörnet av min gata, alltså.

Vi delade otroligt många sköna garv tillsammans, inte allt för sällan som resultat av att jag var extremt lättlurad och även extremt lätt att få upp i högvarv. Det är en tid som jag minns tillbaka på med stor glädje och lycka.

Idag har jag och Freddan ingen större kontakt. Tyvärr, får jag säga. Jag tycker oerhört mycket om honom, men livet är som det är. Vi har båda skaffat våra respektive, vi har båda fått barn. Vi sammanstrålade när Refused skulle spela i Malmö för ett par år sedan och då hade vi kul ihop, men som sagt... Livet. Ibland växer man åt olika håll helt enkelt.

Mitt enorma datorintresse har jag nog Stoffe och hans pappa Kalle att tacka för. Pia och Kalle bor på andra sidan av Slättingen och i familjen fanns förutom föräldrarna Pia och Kalle min kompis Stoffe, storasyster Petra, lillebror Mackan och hunden Rufus – oftast kallad Ruffe.

Kalle drev Copy Consult – sedermera Office – senare Afftek. De pysslade då med försäljning av skrivare, kopiatorer och datorer till företag. Detta ledde till att

Stoffe hade dator på sitt rum, något jag tyckte var oerhört spännande. Stoffe tyckte det var lika kul som jag och vi spenderade väldigt mycket tid ihop framför hans dator med diverse sysslor.

En gång hade vi fått tag på telefonkatalogen över hela Sverige på CD-ROM. Vi satt en hel kväll och slog upp telefonnummer till kändisar och olika ställen runt om i Sverige. Då fanns inte eniro.se om man säger så och internet var fortfarande i sin linda. Google fanns inte, det man sökte med var AltaVista, om man hade turen att vara uppkopplad. Då blir det fruktansvärt kul att sitta och slå upp numret till Tomas Di Leva och ringa honom. Han svarade inte, men jag glömmer aldrig telefonsvararen. "Hello, this is Space Flower number nine.". Lika flummig i telefon som i TV.

Stoffe var också en av de första med att ha CD-brännare hemma. Tekniken var väldigt ny. Brännarna var jättedyra och skivorna man brände på likaså. Runt 3000 kronor fick man ge för en brännare som kunde skriva skivor i 2x hastigheten och skivorna kostade runt 50 kr stycket. Jämför med dagens prisläge där det inte är lönt att köpa en DVD-läsare till datorn utan DVD-brännarfunktion, då de ligger på samma prislapp – runt 300 kronor. Skivorna man bränner på ligger på ungefär en femma stycket.

Jag kommer ihåg första gången vi brände en skiva. Vi plockade ihop vad som skulle ligga på den, satte igång bränningen, sedan satt vi och tittade på skärmen i runt 20 minuter medan den brände. När vi insåg att det skulle ta runt en timme till för skivan att bli klar stack vi ut och lekte. Jämför med dagens tio minuter.

Det var ett helt annat läge, rent tekniskt, men gud vad kul vi hade ihop. Vårt gemensamma tekniska intresse fick oss båda att utvecklas tillsammans. Jag lärde honom något, han lärde mig något.

Stoffe caught by surprise av min kamera på mitt pojkrum, gissningsvis runt 1996.

Stoffe är en extremt intelligent och skärpt kille och pluggade vidare efter gymnasiet. I plugget var han representant för Microsoft, sedan konsultade han i Stockholm både åt TV4, Mr Green Casino, Elgiganten och Svea Ekonomi. Idag äger han

Stockholmsfilialen i Afftek, som Kalle startade en gång i tiden. Vi snackas vid ibland på sociala medier och såvitt jag kan se har han det bra och lever ett framgångsrikt liv.

Ofta när Kalle kom hem stack han in huvudet och sa "Hallå era nördar!". Jag brukade alltid surna till lite över det och svara något i stil med "Hallå gamling!". Idag ser jag titeln "nörd" som något jag bär med stolthet. Kalle var först med att kalla mig det. Det skedde på Slättingen och 24 år senare skrev jag en bok som heter "#nörd".

Så det kan bli!

TORGKIOSKEN & TOLPA

Det kan tyckas jäkligt märkligt att vika plats i en bok för något så trivialt som en kiosk och en leksaks- och godisbutik, men låt mig förklara då.

Tolpa stod för "Tollarps Lek och Papper" och huserade lösviktsgodis, leksaker, pennor, papper, kuvert, suddgummi, ja – det mesta helt enkelt. Hit åkte man när man antingen ville ha en variation i det ordinarie godiset man köpte på Torgan eller när man skulle på kalas och behövde ha fatt i en present till polarna.

En riktigt fin och mysig butik som jag inte har hundraprocentig koll på varför de stängde ner och när, men antagligen blev den olönsam med den sista ägaren. Hon var en fruktansvärt kär och rar dam, men ganska virrig. Jag handlade för 40 kronor en gång och lämnade fram en hundralapp. Jag fick 120 kronor tillbaka i växel. Jag buntade ner pengarna i plånboken och cyklade hemåt innan det kom i fatt mig och jag upptäckte det inträffade.

Jag önskar att jag kunde säga att jag åkte ner dit för att rätta till det, men jag var väldigt ung och moralkompassen pekade mer åt "vinst på lotto"-hållet än "gör vad som är rätt"-hållet. Det hände dock igen när jag handlat för 20 kr, lämnat fram en 50-lapp och fick tre tjugor tillbaka i växel. Då sa jag ifrån och bad henne rätta till det. Då fick jag en hundralapp i näven i stället.

Den gången gav jag upp och lämnade grejerna på disken och bad om att få tillbaka min 50-lapp, vilket jag fick. Visst, de fick ingen vinst från försäljning den gången men å andra sidan ingen förlust på växel heller.

Torgkiosken som låg vid torget i Tollarp var mer än "bara en kiosk". Det var en insutiton. Det var ett ställe där byns gubbar möttes på lördagarna och muttrade medans de fyllde i sina tipsrader och satsade på hästar. Spelade man inte på hästar och Oddset så stannade man kanske till för en liter mjölk, kanske lite snus eller för att få ett batteri som passade i klockan och kvällstidningen.

Ja, inte bara gubbar givetvis, det var nog jämt fördelat, men majoriteten som hängde i tipshörnan bredvid de långa hyllraderna med hyrfilmer var såna som min pappa. Varje lördag när frukosten var uppäten åkte han och jag alltid ut på en runda ihop. Inte allt för sällan bestod den av ett stopp i handelsträdgården i Östra Sönnarslöv, eller så åkte vi ner och hälsade på min faster i deras husvagn, till Byggcenter och köpte spik om det nu behövdes och en obligatorisk förmiddagskaffe hos farmor och farfar.

Men så klart också, alltid det viktigaste. Stoppet på Torgan. Farsan lämnade in tipsraderna och jag satte sprätt på veckopengen. Antingen lite lösviktsgodis, eller det ännu lyxigare, en blandpåse från disken med stycksaker. Godbitar som samsades i prydliga skålar och ställ. S-märken, stora frukt- och colanappar, lakrits och jordgubbsstänger, krokofanter, sura patroner, snusklubbor och andra godsaker. Hur pank man än kanske kände sig emellanåt så var man där och då – i den stunden – världens rikaste.

Bakom disken stod allt som oftast profilerna Ulla och Bo, makarna som ägde kiosken. Jag hade ett långt samtal med Bo förra sommaren för en lång specialartikel i Kristianstadsbladet. Han hade stenkoll på vem jag var och mina förehavanden. Sån är han. Sån var han också när han hade Torgan. Han hade koll på sina kunder, vad de jobbade, vad de sysslade med, vad de hade på gång. Kryddade småsnacket vid betalningen och fick alla att känna sig som hemma.

Trots att de var så starkt förknippade med byn bodde de hela tiden i Färlöv. Bo köpte kiosken av de tidigare ägarna Kalle och Astrid, som han lärde känna när han jobbade som säljare på chokladtillverkaren Droste. De hade börjat prata om att sälja verksamheten och Bo var inte sen på att hoppa på tåget. Mellan 1985 och 2002 pendlade han och hans fru fram och tillbaks till Tollarp för att förse byn med spel, godis och förnödenheter.

Bo berättade om hur en kund vann tre miljoner kronor på tipset en gång. Bo fick tipskupongen i handen och ombades ta hand om den. Det gjorde han. Han sov nästan ingenting den natten av rädsla för att sjabbla bort tipskupongen, men dagen efter ringde han Svenska Spel och åkte till banken och löste det åt kunden.

Det hade aldrig hänt idag. Man hade aldrig lämnat ifrån sig tipskupongen och man hade aldrig heller tagit emot den. Det var en helt annan tid, men så är Bo också en helt annan typ av föreståndare. Den gamla sortens. Den trygga sorten. Den sorten som man kan förlita sig på med tre miljoner kronor.

Trygghet. Ja, det är nog det Torgan var för mig och många andra. En fast punkt i vardagen. Man åkte alltid dit, sommar som vår, som höst och vinter. På sommaren rullades frysdisken från Åhusglass ut i butiken och man sålde kulglass. Det fanns inget bättre än att sitta på en bänk med en kula jordgubb och en kula päron med nöttopping och njuta av solen, glassen och porlandet från fontänen i mitten av torget.

Hade man tur var morsan och farsan på gott humör och lät en hyra en film ibland. Skulle de åka i väg och syrran eller mormor och morfar var barnvakt var hyrfilmen den obligatoriska delen i överenskommelsen. Allt från ThunderCats till Lucky

Luke, Tre på rymmen, Jurassic Park, Ondskans ansikte, Knatte Fnatte och Tjatte och Alfons Åberg hyrdes därifrån under årens lopp.

Sedan när man blev lite äldre och började besöka kiosken på egen hand så stod man och kollade hur länge som helst på fodralen och drömde om vilka filmer man önskade att man ägde. Och kanske, kanske, om Bo inte såg, så gluttade man lite på hyllan vid sidan om tipsdisken, där porrfilmerna stod till uthyrning. Kvinnlig anatomi fanns det alltid intresse för!

Även om det var otroligt roligt blev det tufft med 90 timmars arbetsvecka och när Bo och frun Ulla blivit till åren 2002 sålde de verksamheten för att njuta av livet som pensionärer.

Torgan överlevde inte så länge i den formen den haft med Bo och Ulla. Dels för att Sega Råttan öppnade och tog större delen av Tollarps godissugna kunder, dels för att DVD:n slog igenom och vips så var Torgans VHS-sortiment utdaterat, men främst var det nog för klumpedunsen som tog över stället hade en svart spelautomat som gjorde att man blev av med speltillståndet. Spelen är en viktig inkomst och utan den kunde man snart bomma igen för att sälja återstoden av verksamheten till byns ICA-handlare som byggde en förbutik i affären där man idag har en liten mini-Torgan med speldiskar, paketutlämning och så vidare.

Det är en superfin butik, men varje gång jag åker förbi torget i byn – och jag ljuger inte, VARJE gång – så blickar jag åt de två hållen som en gång i tiden var Torgkiosken och Tolpa. De ställena där det nu ligger lägenheter. Och varje gång drar jag en djup suck. Sorg? Kanske. Kanske inte. Längtan och saknad av tider som varit? Definitivt.

OVAN: Bo när det begav sig på Torgkiosken sommaren 1999.
NEDAN: Bo sommaren 2018 framför det som en gång var hans
arbetsplats, numera ombyggd till lägenhet.
(Foto: Ronnie Smith / Kristianstadsbladet / Annelie Worgard)

LIGUSTERVÄGEN

Ligustervägen är en av de äldre gatorna i Tollarp och var under flera decennium hem åt båda mina morföräldrar. Idag bor min morfar kvar. Mormor lämnade oss lika plötsligt som oväntat en kall februarilördag. Chocken har nästan lagt sig ett år senare. Saknaden har inte tynat det minsta och kommer aldrig att göra.

När jag förlorade min farfar lärde jag mig att inget varar för evigt. När jag förlorade min farmor lärde jag mig att inte ta saker och ting för givet, för man ångrar sig kanske sedan. "Jag hälsar på i helgen". Jo. Inte tillräckligt ofta.

När mormor dog lärde jag mig att hur jäveljobbigt allting än kan bli så överlever man. Att sorg ibland inte försvinner, men att man lär sig leva med den. Min mormor är en del av mitt DNA, min personlighet och allt jag gör. Varenda gång jag ställer ett stekjärn på spisen tänker jag på henne. På den där gången vi lagade lasagne ihop, som jag berättar om i boken "#nörd". På alla oräkneliga gånger som hon berättat om tips och recept. På alla söndagsmorgnar då hon lät mig steka ägg till frukost. På den gången hon suckade och rullade med ögonen när jag inte skalade pepparroten innan jag rev ner den i grillsåsen efter hennes recept.

Såsen blev besk så in i helvete. Precis som livet utan mormor.

Det är också först nu jag förstått vilken jävla superhjälte mormor var. Hon kom från lite halvtradiga förhållanden där hon växt upp hos sin morfar Josef. Hennes mamma Elsa hade fått henne med en så kallad "okänd fader". En ungtupp som gjorde lumpen i Norra Åsum och hette Harald.

En sån som mormor hade kunnat bli världens surkärring. Den där gamlingen på gatan som alltid muttrar åt allt och alla och som ingen tycker om. Hon hade varit ursäktad för det, så övergiven som hon blev av sin mamma. Men hon var nog väldigt älskad av Josef och hade väl kärlek inbyggd i sig när hon kom till världen.

Det får mig onekligen att fundera över vem Harald var, eftersom mormorsmor var ganska egoistisk och inte "spotta-i-händerna"-typen, och på många sätt raka motsatsen mot mormor. I alla fall i matlagningen. Skrattade så jag nästan pinkade på mig när mormor berättade om gången de blev hembjudna på middag till Elsa. Det serverades kött, potatis och svampsås. Köttet var torrare än en skosula, potatisen brutalt ihjälkokt och svampsåsen. Ja, svampsåsen… Svampen hade plockats i gräsmattan i den egna trädgården. Det ni!

Min morfar ser jag som en av mina bästa vänner. Jag lider med honom och han lider med mig i saknaden efter mormor. Det var han jag terroriserade för det mesta med att sladda med BMX-en på hans uppfart. Plockade omogna äpplen, för de var som godast när de var sura. Bjöd på sockrad marmelad men som egentligen var sura vingummi, det godis morfar hatar mest. En gång när jag sov över och kollade på "Klasses Frukostklubb" på TV innan mormor och morfar vaknat hade de inslaget Hemlige Arnes Hörna, där Arne – spelad av Klasse Möllberg – tipsade om olika bus, både egna och de som skickats in av tittarna och många provades, inte allt för sällan på Ove Allan Löfvall. Det var inte alltid en fröjd att passa mig, men för det mesta var det lugnt vill jag tro.

Fick jag en godispåse och en hyrfilm slog jag mer än gärna ihjäl en helg hos mormor och morfar medans morsan och farsan var "ute och dansade". I vuxen ålder har jag gärna åkt hem till dem spontant för att sitta och tragga om vem som dött, vem som är sjuk, det politiska läget, nya deckare på TV eller vad som nu fallit oss in.

Det var inte allt för sällan som vi var hela kusinskaran som övernattade, då morsan och farsan gärna drog ut tillsammans med min moster och hennes man. Mormor och morfar fick då ofta frågan och beundran från grannen om hur de orkade med att ha fyra barnbarn hemma på en gång – när de själv inte gärna tog mer än ett åt gången. Det tyckte aldrig mormor och morfar var några problem. Hade man en kunde man lika gärna ha allihopa. Snarare blev det enklare ju fler vi var eftersom vi sysselsatte oss själva desto mer.

Julafton firades alltid hemma hos mormor och morfar. En oslagen tradition som pågick i de första 25 åren av mitt liv om jag minns rätt.

Man anlände i tid till Kalle på TV och de flesta satt samlade i det lilla TV-rummet. Under tiden plockade mormor och mostrarna med julbordet – och julbordet... Wow. Vilka julbord vi hade! Det var i klass med Emil i Lönnebergas stora tabberas. Vi var alla verkligen välsignade som hade möjlighet att ha borden fulla av mat och ha mathjärtan i familjen som mamma, mormor, Carina och Tette.

Jag får en tår i ögat när jag tänker tillbaks på den tiden, men som jag tidigare nämt har jag lärt mig att ingenting varar för alltid. Nu ska jag se till att mina egna barn får samma glada minnen att blicka tillbaks på när de själva är vuxna.

Tomten tillhörande huset var enorm och helt otroligt bra att leka kurragömma på under somrarna. Precis vid uteplatsen vid pannrummet där morfar duschade varje morgon står ett enormt äppelträd. I skuggan av det åt vi den legendariska lasagnen och andra goda middagar och fikor när solen stod på. Det var ett otroligt bra klätterträd och en tid gav det också väldigt goda äpplen.

Varje sommar ordnade mormor och morfar med en stor grillfest också där vi träffades alla barn och barnbarn, och sedemera barnbarnsbarn. Den traditionen fortsätter än idag, fast hemma hos mamma eller någon av mina mostrar. Det är förutom midsommarafton den högtid på året som jag ser absolut mest fram emot varje år.

Jag inser när jag skriver detta hur lyckligt lottad jag är när allt kommer omkring. Jag önskar verkligen att alla får uppleva den värme och den kärlek som jag omgavs av på Ligustervägen under min uppväxt.

Hoppas du kan läsa detta på något vis, mormor. Älskar dig och saknar dig.

BORGARGATAN

Det fanns ett hus på Borgargatan som betydde mycket för mig. Det ligger precis mitt emot fritidsgården. Eller låg. Ja, alltså det är lite rörigt att förklara. Det är samma hus jag pratar om rent fysiskt, men på andra plan är det inte detsamma och det tycker jag känns väldigt, väldigt skönt.

Jag pratar om min farmor och farfars hus. Det är idag väldigt renoverat och vidgjort, även på insidan har jag sett via en försäljningsannons på huset. Och det känns som sagt skönt.

Varför det? Jo, för att för mig var det ett av tre paradis. Mitt eget hem, mormor och morfars hem och deras hem. Om det hade sett exakt likadant ut hade jag blickat åt huset varenda gång jag hämtat Arvid i skolan och suckat och längtat tillbaka till igår. Känt en lust att knacka på och be om att få sitta i det som var deras TV-rum. Ställt mig i gästrummet där farmor brukade sitta och titta på "Jeopardy". Gått in i finrummet och blickat mot väggen där byrån med bröllopsfotona på pappa och mamma och mina fastrar med respektive brukade stå. Sen hade jag nog gått därifrån helt knäckt.

Nu kan jag känna att det var någonting som ägde rum där och då, tiderna förändras och det är något helt annat. Ungefär som med Torgkiosken, hur bisarrt det än kan låta att jag drar en parallell till Torgan här också. Det var drygare för mig att se en del av den gamla inredningen genom fönstret, att se den gamla skylten, än vad det är att se att det har förvandlats till en lägenhet.

Man har gått vidare liksom, och då kan jag också göra det.

Som jag tidigare har berättat brukade vi alltid åka ut på en vända på lördagarna, jag och pappa. På schemat stod alltid förmiddagskaffe hos farmor och farfar. Det var alltid speciellt att komma hem dit, speciellt om somrarna när rhododendronbuskarna stod i blom. Vid dörren stod deras piassavakvast som jag älskade att sopa med. Fråga mig inte varför, men jag trakasserade kvasten tillräckligt mycket att jag fick en egen när jag fyllde fem.

Farfar var möbelsnickare när han jobbade, men han var pensionerad så länge jag kan minnas. Har ett vagt minne av att han blev uppsagd när snickeriet lades ner och fick någon deal om att gå i pension. Farmor arbetade sina sista arbetsår i köket på Tollarps Skola och slutade lagom till att jag skulle börja första klass.

Farmor är också en bidragande orsak till mitt matlagningsintresse. Må hända att hon inte var lika mycket "kom och var med i köket, Johan" som mormor var, men fy bubblan vad hon var bra på att laga mat. Under alla år var det inte en enda gång jag serverades något jag tyckte var dåligt tillagat. Plommonkompott hände att man fick. Kompott kan jag verkligen inte få för mig att äta. Det var inte äckligt för det dock, det finns ingen äcklig mat, det finns bara viss mat man inte tycker om.

Högst i topp stod hennes köttbullar. Hennes köttbullar, ja. Herrejävlar. Om jag blundar tillräckligt hårt kan jag fortfarande förnimma smaken av de fantastiska bullarna. Och det var inte bara smaken som var fantastisk, formen sen! De var perfekt runda, alltid. Jag fattar inte hur hon gjorde och jag kan svära både en och två gånger att jag inte var på henne mer i tonåren om att lära mig hur man gör.

En nyårsafton serverade hon glace au four till efterrätt. För den som inte är så insatt är det glass med hallonsylt på en bit sockerkaka täckt av maräng som man bakar av i ugnen. Jag var så galet imponerad över att glassen hade varit körd i ugnen men ändå var kall och god.

Farfar minns jag som tystlåten och snäll. Jag har fått höra flera år senare att han kunde vara ganska långsint. Kanske var han sur på mig också emellanåt. Det var i alla fall inget han visat tillräckligt mycket för att jag skulle bry mig eller snappa upp det.

Jag har ett filmklipp som gör mina ögon alldeles glansiga när jag tittar på det. Det var kring min fyraårsdag och pappa hade hyrt en filmkamera och hade den med sig på en av våra lördagsturer. På uppfarten, mellan drivhuset och den lavade veden stod den. Den guldiga järnhästen. Den som skulle komma att bli min när jag blev femton. Farfars Puch Maxi. Som alltid hoppar jag upp på den och vrålade "KICKA IGÅNG DEN!".

Efter massor av tjat gick han fram till moppen för att starta den så jag fick gasa lite. Där vänder jag tvärt och blir rädd i stället och vrålar "NEJ, KICKA INTE IGÅNG!". Ja, ni hör själva. Det var inte helt lätt med unge herr Rönn. Men när den väl var igång, din jävel vad jag gasade! Och farfar flinade åt den lilla pojken i trätofflor, jeans och turkos t-shirt.

Moppen blev föremål i en mordutredning senare också, men den historien lämnar jag till ett framtida verk.

Oftast fann man mig sittandes i deras tv-rum, tittandes antingen på Lucky Luke eller Disneydags som de hade inspelat på VHS-band. Dessa banden ärvde jag senare, bara för att – som jag tidigare berättat – få dem överspelade av min syster. Nu när jag berättat det två gånger så kanske ni kan förstå traumat jag fick genomgå!

När jag blev äldre kollade jag mest på "Sommarbuskis med Stefan & Krister" hos dem, memorerade verserna och låtarna och gick ut och rev av dem vid fikan. Exempelvis "Gör nu ditt val, känn inga kval, för det finns dom som kysst Birgitta Dahl". Hade ingen som helst aning vem Birgitta Dahl var förrän hon dök upp i en nyhetssändning jag råkade se flera år senare. AHA!

Jag sov över sista gången hos dem mitten av december 1996. Då var jag tolv år gammal. Ändå ställde farmor stolar framför sängen så jag inte skulle rulla ner i sömnen. Ändå följde hon med in på toa när jag skulle borsta tänderna. Men mest av allt, ändå det bästa. Ändå skar hon bort kanterna på Lockarpslimpan, som hon bredde omsorgsfullt med smör, och lade på det godaste pålägget i världen. Hennes älskade köttbullar och skivad gurka. De godaste mackorna i världen. Frukosten serverades i tv-rummet på den för kusinerna världsberömda orangea frukostbrickan med ett glas mjölk. Världens bästa frukost.

Farfar dog en vecka innan min 21-årsdag. Jag är så oerhört tacksam för att jag fick ha både min farmor, farfar, mormor och morfar "orörda" i nästan 21 år. Jag tog emot samtalet av mamma när jag stod i vardagsrummet i min första lägenhet. Jag blev ledsen, så klart, men jag fattade aldrig riktigt vad som hänt. Jag visste inte riktigt hur jag skulle hantera det.

Innan farfar hade jag förlorat många vänner av olika orsaker. Gustaf, Freddie och Håkan för att nämna några. Nära vänner. Än idag kan jag känna att farfar åkte på semester och aldrig kom tillbaka. Klart jag blev ledsen, men kanske var man härdad av all sorg efter helvetesåret 2003, som resulterade i att jag spenderade halva 2004 med att vara självdestruktiv på olika vis. Jag hanterade ändå denna förlusten väl. När jag var ledsen tänkte jag tillbaks på det vi gjort tillsammans och då hade jag svårt att känna annat än glädje.

Farmor ångade på för egen maskin i otroliga 11 år innan hon följde honom. Men farmor var en pigg kärring. Hon promenerade jättemycket, motionerade och cyklade. Sålde huset och flyttade till en marklägenhet som hon älskade väldigt mycket, som hon bodde i fram tills hon flyttade till äldreboende något år innan hon dog. Hon blev drabbad av synförlust, vilket tärde ganska hårt på en människa som alltid varit frisk.

En enda gång kan jag minnas att jag och farmor bråkade under alla år, en enda gång då jag blev arg på henne, så arg att jag tyckte att hon var en jävla kärring. Och hon i sin tur blev så arg på mig att jag inte fick bada mer den dagen. Jag kan ha varit runt 10 år när vi gick ner till badet tillsammans en helg då jag sov över hos dem. Alla år hade jag gått simskola. Jag älskade att bada. Hålla mig vid ytan var inget jag hade svårt för.

Farmor hade inte uttryckligen fått tillåtelse från mamma och pappa att jag fick vara på det djupa. Alltså blev resultatet som den omsorgsfulla vårdnadshavaren hon var att jag fick hålla mig på det grunda med byns alla småungar. Det kokade i mig. Till sist fick jag nog, gick upp och hoppade från trampolinen ner i det djupa. När jag kom upp till ytan var hon arg som ett bi och sa till mig att bege mig till det grunda omedelbart. Jag vägrade. "Då kommer du ögonblickligen upp så går vi hem!", sa hon argt och bestämt. "KOM I OCH HÄMTA MIG DÅ!", skrek den trotsande 10-åringen. Då fick jag en blick som fick mig att tänka att gränsen var nådd och nu gällde det jävlar i mig att passa sig. Jag klev upp och vi gick hem och pratade inte med varandra på flera timmar.

Ingen tragedi, direkt. En enda gång. I ett liv fullt av kärlek.

På hennes begravning läste jag några rader ur Kents "Utan dina andetag" som jag skrivit om för att passa tillfället bättre. Det kändes konstigt att vandra vidare i livet utan henne. Det kändes som att det sista ankaret till pappas sida hade klippts på något vis.

Jag funderade mycket på det. Och det är så livscyklen ser ut. Nu är det pappa som är "ankaret" för familjen Rönn för mina barn. Kanske en dag är det jag som är "ankaret" för mina barns barn? Vem vet?

MATKÖPET, KLÖVER OCH SUPERMARKET

Halva släkten har jobbat på ICA i Tollarp. Mamma, jag, syster yster och i alla fall tre av mina kusiner. Sen massor av vänner och bekanta som varit inne och snurrat i butiken i olika långa karriärer.

Morsan pensionerade sig 2019 efter en livslång karriär där hon haft hand om allt möjligt i affären, längst frukt och grönt. Hon jobbade på ICA i alla fall hela mitt liv. Jag har extremt tidiga och vaga minnen av att jag sitter på lagret på gamla ICA, när det låg i andra lokaler än det gör idag, och fortfarande hette Matköpet och inte ICA Supermarket.

Där satt jag och bläddrade i gamla tidningar, oftast längst bak i Aftonbladet för att kolla tv-tablån. Kanske "Hulken" skulle visas på kvällen?

Senare byggdes det hus som ICA håller till i idag och efter ett gäng år som Matköpet och ett par ägarbyten tog sonen till dåvarande ägaren av ICA Maxi i Kristianstad över tillsammans med en vän för att tränas i att driva en butik innan de skulle ta över pappas kronjuvel inne i stan. De gjorde ett par drag som att byta namn på butiken till "Klöver". "Kli i röven", sa min fasters man och fortsatte kalla det Matköpet.

Jag såg mitt tillfälle vid ägarbytet och när jag var med morsan på ett personalmöte i brist av barnvakt lyfte jag blicken från serietidningen jag läste när de frågade om personalen hade någon input över vad som kunde göras bättre i affären.

"Lösgodiset suger.". De kollade med glada miner på mig och verkade uppskatta kritiken. "Hur då, menar du?". Jag förklarade att det fanns typ inga sorter av riktigt gott godis som man hittar på alla andra ställen, som bumlingar och sura cola-nappar. Förklarade att jag aldrig köpte godis i affären. Sagt och gjort, till nyöppningen hade de bytt godisleverantör och jag fick mina älskade cola-nappar.

Senare lämnade sonen till Maxi-ägaren affären. Vad jag förstått hade han insett att det där med att driva en affär inte var något som tilltalade honom.

In klev hans syster, som var ihop med den andre killen som stannade kvar i butiken. De gifte sig senare, sålde Klöver vidare och driver idag ICA Maxi i Kristianstad tillsammans mycket framgångsrikt.

När jag var i 15-årsåldern började jag extraknäcka om midsommarhelgerna i ett stånd de brukade ha utanför butiken där det såldes väldigt billig färskpotatis och andra midsommarvaror över disk. Ett par år senare satt jag hemma och käkade middag med mamma och pappa, och ägarna Åsa och Micke.

Någonstans mellan huvudrätten och desserten frågar Åsa plötsligt mig "Vet du vad du ska hitta på i sommar än?". Man såg på morsan att hon visste vad som skulle följa och hon var både förtjust och förskräckt av tanken på att vi skulle bli kollegor. Sa hennes blick i alla fall.

Jag började som kassörska på ICA och trivdes extremt bra med det. Jobbade varannan helg under sista året på gymnasiet och det var extremt bra pengar. Jag hade aldrig problem att köpa brännvin, snus och att gå ut och käka med kompisar.

Nu sätter familjen nog eventuell dricka i halsen. Snus. Jo, Johan Rönn snusade i tredje ring i gymnasiet. Minns specifikt en gång när vi sitter vid middagsbordet, jag sitter och läser någonting och min syster kommer in och sätter sig mitt emot. Plötsligt ser jag hur hon ögnar mig. Jag tittar på henne och frågar om det var något särskilt. "Snusar du, Johan?", frågar hon. Jag inser att jag har en prilla inne. Så oerhört korkat och ogenomtänkt att gå ut i köket med laddad överläpp. Tobaksbruk har varit något av en dödssynd i familjen sedan morsan slutade röka på tidigt 90-tal. Jag gjorde det enda rätta. Prekade ner prillan diskret och svalde den. Jag visste att om hon fick för sig skulle hon be mig lyfta på tungan också.

För den som inte svalt en prilla kan jag säga att man får ganska ont i magen av det.

Om vi ska fortsätta det urspårade ämnet så var det gott liv att jobba på ICA och efter studenten började jag jobba regelbundet.

Jag bodde hemma, betalade (tyvärr) ingenting till mina föräldrar och konsumerade därefter. Min syster är Spara och jag är Slösa. Med stort S. Men jag gjorde extremt mycket roliga saker, vilket fick mitt liv på rätt köl efter dippen med Freddie, Gustaf och Håkans olika dödsfall.

Jag testade allt möjligt. Jag gjorde min första tatuering och rakade håret och klippte tuppkam. Morsan och farsan fick spader, men tog det med ro. Morsan menade att Åsa skulle aldrig låta mig sitta i kassan med tuppkam. Tji fick hon. Så länge det inte kom in några konkreta klagomål gjordes ingenting och jag var väldigt omtyckt av kunderna.

Minns särskilt ett tillfälle där en gammal tant tittar på mig med stora ögon. Jag fortsatte vara mitt trevliga jag och hon säger till sist att det var en väldigt nyskapande men fin frisyr på en kassörska, som klädde mig. När jag berättade det för morsan avfärdade hon det med att tanten måste vara svårt drabbad av starr eller andra synproblem.

Senare tog mitt matlagningsintresse mig också till charken där jag jobbade som kallskänka ett tag innan jag till sist slutade för att börja plugg TV och Media i Malmö.

Mina pass tog min flickvän, som hade flyttat ner från Falun över. Hon jobbar kvar än idag och är inte längre min flickvän. Hon är min fru.

ICA står kvar där det stått i snart 30 år och Micke och Åsa har med stor kompetens fått butiken att växa kopiöst mycket. Snart ska det byggas om och det står väl inte på innan det inte är en ICA Supermarket längre, utan har lika stort sortiment som en Kvantumbutik.

Det är en central del av byn och heter man Johan Rönn och envisas med att handla utan handlarlista – med gott förtroende på det egna minnet – så besöker man stället ett par gånger om dagen.

TOLLAN

Tollan är Tollarps fritidsgård och när jag började hänga där var det efter att ha skjutit luftgevär på tisdagar. Då passade man på att springa upp för trappan i det massiva huset på Tränevägen, där det idag är ombyggt till... Kan ni gissa vad? Lägenheter.

Tollan flyttade runt 1997 till dess nuvarande plats vid skolan, det som tidigare var Ågårdens fritids. Det blev också en kontrast mellan olika tidsandor. På det gamla stället fanns "mysrummet" där det var graffiti målat över hela väggen och det fanns massor av madrasser och puffpåsar att sitta medan man lyssnade på vinylsinglar eller – det bästa av allt – läste gamla OKEJ-tidningar.

Mitt emot mysrummet var det stora rummet, det som har störst fönster och vätter ut mot Tränevägen. Där hängde det en stor discokula i mitten av rummet och det var också här som fritidsgårdens band hade sina konserter. Det var här man satt i fönsterkarmen, käkade godis och lyssnade på band som Hardcase och Cravestrain.

Gick man ut från stora rummet och upp för trappan kunde man ta av vänster och komma till caféet där man kunde köpa S-märken, Ferarribilar och annat smågodis. Gick man igenom caféet kom man till biljardrummet och gick man tillbaka ut genom ingången till caféet och gick rakt fram kom man till kontoret där legendariska fritidsledare som Ronny Capion och Håkan Skoglund brukade hålla till.

Håkan var något alldeles särskilt. Fy vad jag saknar honom. Han dog i januari 2003, ynka 38 år gammal. När någon dör ung brukar man alltid säga saker som att "det där med att dö är som blommor i en trädgård, de vackraste blommorna plockas alltid först" och massa annat dravel för att trösta, men det finns ingen tröst. Man kan säga vad man vill, det kommer alltid vara orättvist när någon dör ung, särskilt när det är någon som är så genuint fin som Håkan var.

Håkan var något alldeles speciellt. Han föddes i Göteborg och flyttade med sin familj till Vinslöv när han var i nioårsåldern. Redan då hade han musiken i sina ådror och började sjunga i ungdomskör där han sjöng sopran. Vid 13-14 års ålder grabbade hårdrocken tag i honom och han lirade i olika band med sina vänner. Detta gav honom en stor fördel när han började arbeta som fritidsledare i Tollarp, där han coachade många ungdomar som hade drömmar om att bli rockstjärnor. Hans egna musikkarriär gav han aldrig upp och 1996 gav han ut en CD-skiva på egen hand, "Life of Pleasure". En skiva som jag är glad att ha i min samling.

Han var så in i helvetes rolig och han var spontan och kastade sig ibland in i saker och ting utan att ha kollat "hur tjock isen var", eller vad man skulle säga, men det var sån han var. Och allt han gjorde för oss, gjorde han med omsorg och omtanke.

Som när han trotsade Fritidsgårdsforums ledning och anställde en väldigt omtyckt fritidsledare vid namn Marie, som ledningen tyckte behövde sluta då hon saknade utbildning. Ett strålande exempel på Håkans förmåga att "stick it to the man".

Ett exempel på Håkans sätt att kasta sig in i saker och ting är den gången när han sökte till "Sikta mot stjärnorna". Han kom nästan med, det gick jättebra och han var jätteglad. Tills någon från produktionen ringde och sa att de var oerhört glada över unikheten i att en manlig sångare ska framträda som en kvinnlig sångare.

"Hur menar du nu?", undrade Håkan. Jo, låten Håkan skulle framföra i tv-programmet där amatörer uppträder som sina idoler var "Maria" med bandet Blondie. Blondies sångerska – ja, ni läste rätt – heter Debbie Harry. Det hade inte Håkan en blekaste aning om. Inte fan lyssnade han på Blondie annars, han lyssnade på tyngre hårdrock. Det blev inget "Sikta mot stjärnorna", men man hade inte blivit överraskad heller om han hade skitit i det och bara kört på.

Varför berättar jag då allt det här om Håkan, det var ju Tollan som kapitlet handlar om? Jo, för Håkans ande är en så enormt stor del av Tollan än idag. Och för att Håkan förtjänar att bli omskriven, omtalad och framför allt vara med i en bok. Han var en superstjärna på alla dess vis. Det var bara ingen som upptäckte honom.

Så här kommer jag för alltid
att minnas Håkan Skoglund.

På Tollan spenderade jag oräkneligt antal timmar efter skolan. Det var inte allt för sällan som jag överhuvudtaget inte kom hem efter skolan och inte

dök upp i hemmet på Ljungslyckevägen förrän vid
21 när Tollan hade stängt.

Helt otroligt att mina föräldrar lät mig hållas, men
jag anar att de förstod att ett förbud hade bara
försvårat och bjudit in till onödiga tonårsrevolter,
något jag aldrig haft för mig i övrigt.

Läxorna sköttes däremot si och så kan jag däremot
erkänna. Jag borde ha spenderat mer tid i böckerna,
men jag såg till att göra allt som förväntades av mig i
plugget.

Det lockade mer att softa med Jennie, Marie, Håkan,
Uffe, Lilleman, Macke och alla andra fritidsledare
som kom och gick under åren.

Inte allt för sällan höll man till och hängde i
replokalen där det bankades ganska friskt på
trumsetet eller lirades på gitarr eller bas. Oftast
tillsammans med min polare Micke. Vi satt hemma
hos mig och kollade på Metallica live från Stuttgart
1997, eller "A year and a half in the life of Metallica"
om hur de spelade in sitt svarta album. Sedan skrev
vi biografier om vårt tvåmansband och drog ner till
replokalen och slamrade. Eller repade.

Det blev aldrig något av det där. Jag lirade bas ett tag
i början i två olika band, men det bar aldrig. Jag
hoppade av det ena, fick foten ur det andra. Spelade

trummor i ett metalband i gymnasiet som jag också fick foten ifrån. Vet inte om det säger något om min ambition att bli musikstjärna.

Misslyckade musiker blir musikjournalister, säger man. I år recenserar jag Sweden Rock Festival för Kristianstadsbladet för tredje året i rad. Go figure.

Fritidsgården – ja, fritidsgårdar överhuvudtaget – är en grej som politikerna i alla tider inte verkar fatta hur viktigt det är. Det har så länge jag kan minnas alltid varit diskussioner om vad man har och inte har råd med på fritidsgården. Och det suger, med tanke på att man investerar i framtiden för samhällets ungdomar.

Jag är övertygad om att all skadogörelse som sker på somrarna sker på grund av uttråkade ungdomar som får spontana infall, infall som hade kunnat avvärjas om det hade funnits en öppen fritidsgård med lockande aktiviteter under sommarlovet när den behövs som mest – om kvällarna. Hade man investerat fem kronor i fritidsgården hade man fått en tia tillbaka i sparade pengar på sanering av klotter och reparationer av klirrade lampor.

Fritidsledarna i Tollarp var alltid bra på att med små medel ge stor underhållning. Ett exempel var att en gång när det inte var så många ungdomar på gården. Då packade ledaren Lilleman in oss i sin lilla golf

och körde med oss till Yngsjö för lite kvällsbad.
Billigt, enkelt och kanonbra.

Fordonet kanske lämnade lite att önska däremot.
Kommer aldrig glömma när Lilleman tvärnitar vid
ett av farthinderna och vrålar "NICLAS OCH
JOHAN – UT FÖR FAN INNAN VI DÖDAR
MINA STÖTDÄMPARE!". Jag och Niclas var
fritidsgårdens... hur ska vi säga det... stora
personligheter. Vi skrattade så vi grät. Hoppade ur
bilen, Lilleman rullade försiktigt över farthindret. In i
bilen och full gas ett par hundra meter till, innan det
blev tvärnit och ännu ett "NICLAS! JOHAN! NI
VET VAD SOM GÄLLER!".

Jag sitter och minns allt det här över 20 år senare
och skriver en bok om det. Jag är ingen. Jag är en
piss i Nilen. Jag är en av många kids som haft ett
andra hem på en fritidsgård. Underskatta aldrig vad
de betyder för samhället. Aldrig.

TORVKUPEVÄGEN

I mitten av mitt barnkungadöme ligger Pulkabacken. Där man har åkt oräkneligt antal pulkaturer, smällt hundratals – ja, kanske tusentals – kinapuffar. Backen ligger mitt emellan Ljungslyckevägen, Bengtas Väg och den sista vägen jag ska ta er till, Torvkupevägen. Här hade jag också ett gäng kompisar, som ledde till att en hel del tid slogs ihjäl även här under min uppväxt.

Här bodde Kimme, Robin, Rille A, Stoffe N, Kajsson och under en period även Sam. Men framför allt bodde där också min eviga vapendragare och mitt livs bästa vän Ralle.

Om ni har turen eller oturen att äga min första bok, "#nörd" har jag vikt ett helt kapitel till att försöka förklara min djupa kärlek till denna fantastiska och totalt helgalna människa. En bror från en annan mor i dess rätta betydelse.

Det får räcka, men jag kan berätta lite om allt annat som transpirerade på Torvkupevägen. Som när vi lekte i skogspartiet som låg mellan Robin och Kimme. Det var optimalt för att köra och hoppa med BMX:en, bygga trädkojor och bli myggbiten. Eller leka cowboy och indianer, terrorister och poliser eller vad man nu hade för sig.

Jag minns särskilt en gång när vi härjade på och Kimmes mamma kom ut för att ropa in Kimme till middag eller annan aktivitet.

Då sprang vi med pinnar som skulle föreställa pistoler och gevär. "Sluta upp med det där", tyckte Kimmes mamma. Vi kunde skada oss, menade hon, och förresten så var det dumt att leka att något så farligt som pistoler var något kul. Vi fattade ingenting, men visst. Jag slängde ner min pinne på marken och sa "Det här går väl bra då?", och höll upp tummen och pekfingret för att få handen att likna en pistol.

"Nej, inte ens det", sa Kimmes mamma. "Nej, det vore för jävla synd om den gick av", muttrade jag. "Vad sa du?", sa hon. "Ingenting."

Kimmes mamma är en fantastisk människa som jag kanske inte alltid fattade som barn, men som jag förstår helt och hållet när jag själv blivit förälder. Vi fick alltid hänga hemma hos Kimme och kände oss alltid välkomna. Det tillsammans med att hon som ni hörde alltid satte vår säkerhet och trygghet i första rummet – vad mer kan man begära? Jag ser hellre en förälder som bryr sig väldigt mycket än väldigt lite.

Många debuter har hänt på Torvkupevägen. För att bespara inblandade personer besvärliga frågestunder när föräldrar och anhöriga läser utelämnar jag detaljer gällande plats och personer.

Så mycket är i alla fall säkert att jag var full första gången på Torvkupevägen. Jag snusade första gången på Torvkupevägen. Jag rökte första gången på Torvkupevägen. Jag grät första gången över brusten kärlek på Torvkupevägen. Jag hade panik över att eventuellt ha gjort någon på smällen för första gången på Torvkupevägen.

Man hinner med en del på en livstid. Den där sista var inte så farligt som det låter. Jag tappade bort min konfirmationsring samma kväll. Paniken innan jag hittade den ringen i snön dagen efter var värre. Lite lustigt hur man tänker att risken att morsan slår ihjäl en över en borttappad konfirmationsring är större än om man kläcker för henne att hon ska bli farmor innan hon ens fyllt 45. Men "Hakuna matata" och att "allt ordnar sig" har ofta varit en del av min livsfilosofi under uppväxten.

Jag, Ralle och Kimme startade inlinesklubb när vi var i tolvårsåldern. Vi skulle åka inlines under ett häftigt namn bestämde vi. Kalla oss något coolt. Vad i hela friden det skulle vara bra för har jag ingen aning om än idag. Det var inte så att vi hade vett, kunskap eller resurser att trycka t-shirtar med en klubblogga. Eller en banderoll. Varför? Men jo, det var väl coolt med klubbar.

Massa namn diskuterades innan jag kläckte att vi kunde kalla oss för "Hells Angels". Det var ett otroligt

grymt och tufft namn tyckte de andra dönick...
vännerna och sagt och gjort. Sedan var det någon som
kollade på någon nyhetssändning och såg att det
tydligen fanns en annan klubb med samma namn som
tyckte om att skjuta ner medlemmar av en annan
klubb som hette Bandidos. Efter lite sura miner lades
den kortlivade inlinesklubben ner.

Det var också på Torvkupevägen de första stegen mot
bredband i Tollarp togs. Robin, som bodde på gatan
var mer beroende av internet än vad jag och Ralle
uppenbarligen var. Han drog igång namninsamling
för att få bredband till byn. Jag tyckte givetvis det var
bra och hakade på honom och hjälpte till att samla in
namn. Till ingen nytta, så klart. Men ambitionen...!
Den fanns på Torvkupevägen.

Missminner jag mig inte så var jag uppkopplad på
internet för första gången någonsin på
Torvkupevägen. Ralles föräldrar drev ett åkeri och
hade väl behov av internet för jobbgrejor och annat.
De var tidigast på gatan – om inte först i hela Tollarp
– med att köpa internetpaket och surfa på nätet
hemifrån.

På den tiden var det efter klockan 18 och helger som
gällde om man skulle vara uppkopplad, för då var det
halva taxan. Jajamen, man betalade minuttaxa för
varje minut man var uppkopplad till modempoolen,
som man ringde upp till via datorns modem. Ja, ni

läste rätt. Ringde upp. Man blockerade telelinjen. Och det gick skitslött också.

Men det hade också något positivt med sig. Man han käka rätt mycket popcorn medans bilderna laddades ner på skärmen. Dock minns jag också hur förstörd man blev när uppkopplingen plötsligt bröts precis när bilden på Pamela Anderson hade kommit så långt i nedladdningen att man var förbi nacken och det roliga partiet skulle börja.

Jag har också försökt cockblocka en kompis på Torvkupevägen. Fast jag var jäkligt usel på det. En cockblock är när man står i vägen för ett samlag. Vi hängde hemma hos min polare en vanlig söndag och kollade på film, jag, min polare och polarens flickvän. Plötsligt kommer polarens föräldrar in i tv-rummet och säger att de åker till farmor och farfar en sväng och blir borta ett par timmar.

När de åkt börjar det att skruvas på sig i andra änden av soffan. Tissel och tassel och flickvännen lämnar soffan efter en stund. Då vinkar kompisen mig till sig och viskar till mig: "Jo, alltså… Kan du dra hem? Vi tänkte passa på och pippa lite."

Jag blev helt tvär. Jävla kaniner! Och filmen ville jag se slut på också. "Kan ni inte pippa ändå? Va fan, jag vill ju se färdigt filmen?". Jag fick en kontrafråga om jag bara var helt eller till hälften förlamad i huvudet. I slutändan hade jag inget val ändå utan blev helt enkelt utslängd.

Jag stod och ringde på dörren ett tag för att störa mig innan jag gav upp och cyklade hem. Sviken av kompisens illvilja att öva sig på fortplantning.

Jag postade en bild på kompisen på Instagram och lovade honom att den bilden inte skulle dyka upp i boken, men nu när jag skriver detta känner den inre övergivna och känsliga tonåringen bli upprörd igen, så vet du vad?

Fuck you, Ralle. Jag älskar dig.

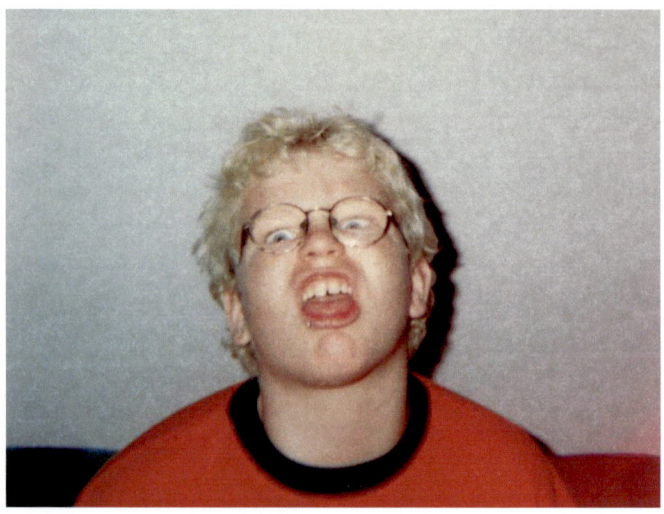

SNABBA SMULTRON

Det finns fler smultronställen i byn för mig. Har inte lika mycket att säga om dem kanske, men de är ändå värda att nämnas, så jag kör några "snabba smultron" här.

Floraparken – Fine, jag var inte där och lekte tokmycket som barn. Det är först nu som stället fått den fina lekanordning det förtjänar. Mysigt ställe med den lilla dammen där ankorna brukar hålla till. Det stora trädet vid fikaborden brukade jag och min polare Micke klättra upp i och trycka i oss en påse pommes med extra krydda från Connys på sommrarna. Dagar vi aldrig får tillbaks.

Kärleksstigen – Precis innan Axonaskolan, efter Vramsbron i riktning mot motorvägen kan man ta av vänster och gå längs ån. Otroligt mysig om än snäv stig. På vintrarna brukade jag och pappa åka dit och mata ankorna som höll till där. Inte allt för sällan hade vi min bästis Ralle med oss. Han tyckte nog inte det var så kul som jag, men han var extremt fascinerad av det nya larmnumret 112. "Ett plus ett blir två", brukade han predika. "Det är ta mig fan helt genialt."

Björkgatan – Måste nämnas enbart för att det är hysteriskt kul att kolla på gatan på Google Maps. Christina Heise, en legend i byn, har en egen vägpekare på sin adress. Fråga mig inte varför. Kanske får jag också det en gång om jag håller ångan uppe.

Feglers Gata – Här ligger många av byns lägenheter uppdelat på tre byggnader. Tänk hur många livsöden som utspelas där dagligen, både sorg och glädje. Där bodde min polare Micke. När man ser stället idag kanske många tänker "klassiska mediokra lägenhetskomplex". Jag tänker Commodore 64, Terminator, Metallica och Nintendo. Allt tack vare Micke.

Önosbacken – Backen som går ner till hålan från övriga delen av byn. Löper ut med det som var/är Önosfabriken, fast det idag snurrar en Orkla Foods-logga på taket. Ganska brant backe och extremt rolig att åka inlines på. Men snudd på livsfarlig också om man inte visste vad man höll på med, som min ena kompis som stod på huvudet och satte båda knäna ner mot marken i full fart. Livrädd åkte jag ner och frågade hur det gick och fasades över hans blodiga uppskrapade knän. "SKIT I KNÄNA FÖR HELVETE, JAG HAR GJORT HÅL PÅ BYXORNA! MORSAN KOMMER ATT STRYPA MIG!", vrålade han. Hon var så klart glad att han överlevde, inget annat.

Hålan – Omringad av Önosbacken och ytterligare två backar har vi det som nog har flest lägenheter per kvadratmeter i Tollarp. Liksom området vid Feglers Gata bor det fruktansvärt mycket människor här nere och idag får man ständigt höra om tråkigheterna, exempelvis när en bil blivit slangad eller fått däcken stulna. Men det händer nog allt väldigt fina grejer där nere också. Där brukade vi hänga på lekplatsen och dricka cola på glasflaska och käka Delicatobollar inköpta på världens bästa Torgan.

En gång fick jag och en kompis höra att det bodde en prostituerad i någon av lägenheterna. Vi behövde undersöka saken och började plinga på dörr för dörr för att fråga om det var där man kunde köpa kärlek. Vi gav upp efter två byggnader och en skum gubbe som ville bjuda in oss på saft och bullar.

Jävla påhitt man hade för sig. Ofta att en hora hade svarat ärligt på en fråga från två 11-åringar som knappt visste vad som var upp och ner i världen.

Bengtas Väg – Här har jag varit på barnkalas, poolparty, barhäng, födelsedagskalas, middagar, luncher, eftermiddagshäng och fikor. Duschat i en välknullad dusch och spenderat oräkneligt antal timmar. Här bodde Maggan, Göran, Jenny och Jonas. Jonas som de flesta kallar PH. Men inte jag. Bara när jag är irriterad och då menar jag inte Pullhöna, som han ursprungligen fick initialerna ifrån, utan Pundhuvud. Jag fortsätter att hänga där dessutom. Jonas och hans numera fru Cecilijah köpte kåken av

Jonas föräldrar och har fräschat till den. Jonas, Cilla och Jonas syster Jenny är tre av de som jag räknar som mina absolut bästa vänner idag och några av få människor i världen som jag känner att jag kan hänga med kravlöst och förutsättningslöst med. Och delar den ovärderliga egenskapen att kunna prata med direkt när någonting är på tok. Tänk vad enkelt det kan vara när man har det okomplicerat.

Cykelstigen mot Ovesholm – Den gamla banvallen där tågrälsen till Tollarp låg förr sträcker sig förbi baksidan av mina föräldrars hus och fortsätter upp mot Träne och Ovesholm. En bit efter mamma och pappas hus, när man passerat de sista bostadsområdena i Tollarp och är nästan i Rya är fälten otroligt vackra på sommaren. Fantastiskt fint att cykla där den årstiden och särskilt fina är alla vilda körsbärsträd utmed vägen. I skuggan av ett sånt träd blev jag tillsammans med Anna i svängens kompis Ellie en varm sommardag. Sedan gjorde vi slut på eftermiddagen när jag inte ville bjuda på tuggummi. Easy come easy go.

Elses Väg & Äppelodlingen – På Elses Väg 24 var jag dagbarn under första tiden av lågstadiet tills jag kunde reda mig själv. Det trivdes jag fantastiskt bra med. Det var hos Ann-Helen. Hennes son Rickard och jag gick i samma klass och kom väl överens och var goda vänner ända upp i gymnasiet där vi även där gick i samma klass. Fast det är klart, hade han fått tag på mig den där gången då jag råkade slå en krocketklubba i huvudet på honom – det var verkligen inte meningen – hade jag nog inte levt länge nog att skriva det här.

Rickard hade sjukt grymma Transformers-gubbar och Ann-Helen lika grymma skills i köket. Det var Rickard som introducerade mig till Mega Man på Nintendo. Än idag minns jag lösenordet som tar en direkt till Dr Wileys slott med nio energitankar. Allt tack vare Rille.

Rille, king of inlines, Transformers & Mega Man!

Hade vi inget att göra drog vi ut till den gamla äppelodlingen som ligger bak området vid Elses Väg. Ibland hittade man äpplen på de halvdöda träden och ibland lekte man det som fantasin gav utrymme till. Eller så fångade vi grodor och grodyngel i bäcken precis utanför deras hus. Sorglöst? Onekligen. Det är nog därför jag aldrig kunnat och aldrig kommer kunna lämna Tollarp.